L'ALGÉRIE

TELLE QU'ELLE SERA

PAR

A. DE ROOSMALEN (DE PARIS).

PARIS

CHEZ L'AUTEUR, RUE BONAPARTE, 17.

1860

PRINCIPAUX OUVRAGES DE L'AUTEUR.

L'Orateur, 4e édition.

Les Mystères de la Providence, récits dramatiques, 2e édition.

Moyen de soulager la misère du peuple, ouvrage couronné par la Société de la morale chrétienne.

Glocester, ou **la Tour de Londres**.

Études littéraires.

Journal : **la Parole**.

Littérature et Morale, ouvrage adopté par le Conseil de l'Instruction publique à Rio Janeiro, et agréé par l'Empereur.

Pour paraître prochainement :

Les Bienfaits de la Providence.

Théâtre classique pour les séminaires et les pensions.

Théâtre original — —

Examen critique sur la Littérature et le Théâtre des contemporains.

PARIS. — TYPOGRAPHIE HENRI PLON, IMPRIMEUR DE L'EMPEREUR, RUE GARANCIÈRE, 8.

L'ALGÉRIE
TELLE QU'ELLE SERA.

> Ce que vous connaissez utile, bon à savoir pour chacun, vous ne le pouvez taire en conscience.... Parler est bien, écrire est mieux, imprimer est excellente chose.
>
> LOUIS COURIER.

C'est après avoir lu un certain nombre d'ouvrages sur l'Algérie, et après avoir reconnu, malgré leur mérite, qu'ils différaient de notre sentiment sur les moyens de rendre ce pays prospère, que nous nous sommes décidé à publier le résultat de nos observations.

Les différentes carrières que nous avons parcourues pendant une vie des plus actives, les succès que nous avons toujours obtenus, et en dernier lieu la fondation du Lycée français que nous avons créé, avec notre fils, à Rio-Janeiro, il y a sept ans, et dont ce fils, notre digne remplaçant, est aujourd'hui seul directeur; création présentant les plus grandes difficultés, soit par notre titre de Français, soit par l'esprit de rivalité de plus de vingt colléges portugais, soit par notre ignorance première des usages, des mœurs d'un pays où les bénéfices de l'éducation française n'étaient pas encore compris; les observations et les explorations que nous avons faites depuis dans ce pays, tout nous a donné une expérience qui nous permet de croire que les projets que nous avons conçus sur l'Algérie ne deviendront pas inutiles, et que tôt ou tard on les appréciera.

On sait que le sol africain, dont les armées françaises ont fait la conquête, offre des avantages immenses pour les approvisionnements de la mère patrie, mais on ignore généralement les résultats obtenus des travaux entrepris par l'occupation et l'organisation de ces contrées fertiles. Si nous consultons aujourd'hui les rapports qui ont été faits sur l'Algérie, nous voyons qu'on blâme sérieusement l'autorité de n'avoir pas apporté plus de soin à la colonisation, et d'avoir dépensé des sommes considérables seulement en vue de l'occupation militaire.

Une fois la conquête de cette partie de l'Afrique résolue, la force était certainement nécessaire pour soumettre un peuple composé de tant d'éléments divers; il fallait triompher de l'adresse, de la ruse, du fanatisme, des tribus si opposées à notre gouvernement. Les Kabyles, les Arabes, les Maures, les Turcs, les Nègres mêmes, de caractères si différents, excités contre nous, exigeaient des efforts extrêmes; mais aujourd'hui que le calme parfait règne dans toutes nos possessions africaines, ceux qui ont visité ce beau pays ne peuvent s'empêcher de faire des vœux pour que le souverain y porte un regard favorable, et fasse partager à ses habitants les bienfaits que

Sa Majesté distribue avec tant de bonheur à chaque partie de son empire.

Entraîné par notre admiration pour des contrées si pittoresques et si fertiles, pénétré de l'utilité de leur position par rapport à la France, nous avons cru devoir soumettre à l'attention de M. le Ministre des colonies le résultat des observations que nous avons faites pendant notre voyage en Algérie.

Nullement assujetti aux considérations que peuvent avoir les autorités locales, et dégagé de toute influence de partialité, n'ayant en vue que le bien général, nous exprimerons toute notre pensée.

Nous avons dit à M. le Ministre :

Si des considérations étroites, si des vues bornées venaient, comme sous les règnes précédents, amoindrir l'élan déjà donné; si la France n'était point considérée comme devant un jour faire la loi au monde intellectuel, nos paroles n'auraient plus de but, et pourraient être regardées comme l'expression du rêve d'un utopiste.

Mais nous avons foi en l'avenir; et tous les hommes d'intelligence comprendront que sous le règne de Napoléon III les nouvelles entreprises ne peuvent être que grandes et hardies. Le génie du souverain doit inspirer ses ministres.

Si on examine la conquête de l'Algérie sous l'aspect des avantages qu'elle est capable d'apporter à la France, elle sera regardée tout d'abord comme un vaste jardin, comme le jardin des cinq parties du monde. Son climat varié, froid sur le versant nord des montagnes, chaud sur le versant sud et sur les bords de la Méditerranée, permet tous les genres de cultures utiles et d'ornement.

Cette contrée, qui a une étendue de 390,000 kilomètres carrés et dont l'occupation date de 1830, est aujourd'hui limitée dans tous les sens : au nord, par la Méditerranée; à l'ouest, par le Maroc; à l'est, par l'État de Tunis; au sud, par l'océan des sables. Elle présente un sol tourmenté et irrégulier que des travaux bien entendus fertiliseront presque partout, en offrant en même temps les moyens d'une grande variété dans les produits, et un théâtre exceptionnel pour se développer.

L'Algérie, considérée sous son véritable aspect, doit donc être organisée, avant toute chose, suivant ce que peut rapporter ce sol bien cultivé; vouloir assimiler cette possession à la France nous paraît une grave erreur.

L'agriculture doit être mise au premier rang des intérêts algériens. L'industrie viendra à son tour prendre sa place.

« *Les Romains*, dit M. Dupin aîné, *employaient pour* » *fonder une cité le soc de la charrue, qui produit, et l'on* » *apprenait aux citoyens que la civilisation commence par* » *l'agriculture. Fonder une colonie était fonder une société.* »

(Chambre des députés, 29 avril 1834.)

Mais ce travail de la terre, faut-il l'abandonner à qui veut l'entreprendre, et dire avec l'auteur de l'*Algérie nouvelle* : « La terre à qui la cultive de ses mains et avec ses » propres ressources..... ? »

Nous sommes loin de partager cette opinion.

Nous voyons ce qui arrive avec les concessions lorsque

le nouveau colon est abandonné à ses propres ressources sur une terre inculte.

Nous réfuterons M. de Feuillide par ses propres paroles :

« Il y a, dit-il, dans toute colonisation une grande par-
» tie des obstacles qui tiennent au sol, au climat, aux
» cultures; ils exigent pour être surmontés certaines
» aptitudes d'esprit, certaines mœurs, une grande dé-
» pense d'efforts, de résignation, d'énergie et de persé-
» vérance. Toute colonie a besoin d'avoir ses pionniers
» qui sondent la terre, étudient sa nature, essayent ses
» productions, absorbent ses effluves, luttent avec son
» climat. Ce n'est qu'après deux ou trois générations de
» hardis expérimentateurs ruinés, morts à la tâche, que
» la génération qui a survécu, se traînant à peine, peut,
» avant de se coucher, crier à ceux qui attendent derrière
» elle : Maintenant avance ! »

Détruire ainsi, de sang-froid, par calcul, plusieurs générations pour rendre une terre fertile !... ah ! cette pensée est loin d'être humaine !

Un gouvernement sage n'abandonnera pas les hommes à eux-mêmes, quand il sait mieux que personne qu'à notre époque tout le monde a l'habitude de se croire les aptitudes nécessaires, lorsque tout est imprévoyance. En reconnaissant qu'il faut unité, surveillance, vigueur, il s'appliquera à venir en aide à ces émigrants dont les efforts et le zèle seront trahis par un travail qu'ils avaient mal apprécié. Profitons de la leçon qui est encore sous nos yeux :

Des concessions ont été faites à des émigrants ayant quelques mille francs devant eux; que sont-ils devenus? Ils ont été ruinés, ou ils sont morts par les fièvres ou la fatigue. Nous lisons dans une statistique récemment publiée les conditions auxquelles doivent s'engager les nouveaux arrivés : « Les concessions s'appliquent à des terres » incultes; les colons ont à faire par eux-mêmes tous les » frais de leur installation et de leurs cultures; il est né- » cessaire de posséder un capital d'au moins 3,000 francs, » qui représentent le minimum des frais à faire pour » l'émigrant, pour se construire une habitation, com- » mencer les cultures et vivre en attendant les premières » récoltes. »

Mais ce qu'on aura peine à croire, à la suite de ces conditions se trouve cette loi : « Si l'émigrant n'a exé- » cuté que quelques travaux après le délai fixé, les ter- » rains sont vendus aux enchères publiques! etc. » Aux enchères! qui ne couvriront peut-être pas les frais, comme il est arrivé (1).

Ainsi, voilà un père de famille qui, sur tout ce qu'on lui a dit de favorable à l'Algérie, s'aventure avec sa femme et ses enfants; il trouve une terre couverte de ronces et de broussailles, il n'a pas de toit pour s'abriter, lui et les siens; il couche donc à la belle étoile, heureux si la saison ne lui présente que les ennuis des insectes de toutes sortes qui s'acharnent sur son corps, ou s'il n'a pas à se défendre contre les animaux féroces, si communs dans les parages écartés. Il se fabrique cependant un toit, il cultive enfin *la terre de ses mains avec ses propres ressources;* mais son travail, pour devenir fructueux, demande d'autres bras : plus il est éloigné du centre, plus

[1] Cette loi semble avoir été inspirée de l'ordonnance de Charlemagne, qui dit : « que celui qui laisse son bénéfice en friche, pour cultiver les terres qu'il a de son *propre*, et ne l'aura pas mis en meilleur état dans l'an, soit dépouillé de son bénéfice sitôt que la connaissance en sera venue au comte. »

les ouvriers sont chers; la journée varie de 3 à 5 francs, elle a été jusqu'à 10 francs. Le remuement des terres, la fraîcheur des nuits si fatale dans ce pays, la mauvaise nourriture viennent apporter la maladie dans cette famille, qui, affaiblie, mourante, a dépensé tout ce qu'elle avait apporté. Que peut-elle devenir? Voilà généralement le sort des petits colons.

Les paroles de M. de Feuillide sont répétées alors : nous avons entendu des employés du gouvernement nous dire : « Après ceux-ci, d'autres se succéderont et profite- » ront tour à tour des travaux de leurs devanciers, ils au- » ront péri à la peine, mais dans cinquante ans l'Algérie » sera rendue productive ! »

Que sera-ce donc encore si la concession est sans chemins, sans routes, comme il y en a tant aujourd'hui, pour écouler les produits obtenus avec de si grandes peines? si elle est privée d'eau, ou encore si elle est inondée au moment des orages?

Reconnaissons que dans un état pareil une colonie ne peut s'organiser avec avantage que par les soins protecteurs d'un gouvernement puissant et bien établi. Profitons de l'exemple que nous ont donné les conquérants des colonies anciennes. Voyons ce qu'a fait le Portugal pour occuper avec fruit les parties de l'Amérique du Sud qui lui convenaient. Fatigué du peu de réussite des tentatives particulières, n'a-t-il pas divisé par autant de capitaneries l'espace qu'il se réservait? Ces capitaneries n'étaient-elles pas données à des chefs de famille reconnus aptes à diriger de grands établissements et à se rendre maîtres absolus des tribus indiennes qui occupaient alors le sol? Ne voyons-nous pas la prospérité toujours plus grande des principales provinces du Brésil : Minas, Pernambouc, Saint-Paul, Villa-Rica, Diamantina, Rio-Grande, Parana, Sainte-Catherine, Rio-Negro, Mato-Grosso, Goyas, Teregipe, Parahiba, Maranham, Rio-Janeiro, etc. ?

Aurait-on obtenu les mêmes résultats sans ces grandes et importantes occupations, soutenues par le gouvernement portugais, et entièrement sous son autorité ?

Bien certainement sans elles le Brésil serait toujours sous la domination des sauvages ; et la preuve en est que les contrées qui n'ont pas été comprises dans la distribution de ces provinces appartiennent encore aux Indiens, qui restent possesseurs des nombreuses et fertiles terres d'une grande partie de cette Amérique.

A notre époque, et avec nos idées progressives, ces capitaneries se changeront en établissements d'utilité publique. L'Algérie, répétons-le, doit être d'abord, et avant tout, organisée suivant les produits que pourra rapporter son sol, soit en agriculture, soit en silviculture, soit en horticulture ; elle possédera même tout ce que la science pharmaceutique est en droit d'espérer pour ses progrès si nécessaires à l'humanité [1].

Un ancien élève de l'École polytechnique qui a été chargé longtemps de travaux en Algérie, M. Brunet, a dit : « Une occupation générale assoit notre en-

[1] Dans les principales villes de l'Amérique du Sud, quand un esclave s'intéresse vivement à quelqu'un atteint d'une maladie grave, et l'on peut citer de grandes preuves de dévouement chez les nègres, il se hâte d'aller, avec la permission de son maître, chez les tribus indiennes, et il rapporte les plantes nécessaires à la guérison du malade, et ignorées des pharmaciens établis. Nous avons eu des exemples de ce fait ; et nous avons appris à connaître nous-même la vertu de plusieurs produits de ce pays, restés inconnus en France.

treprise sur des bases larges, et de la disposition desquelles nous sommes maîtres; elle ouvre la carrière à tous nos instincts, à tous nos efforts; elle est enfin, par sa grandeur, digne du nom de la France. L'entreprise n'est pas au-dessus de nos forces; mais elle est difficile, gigantesque; mais elle demande pour réussir de procéder à l'exécution avec rapidité, énergie et persévérance, avec une intelligence et un ordre continuels dans la distribution des efforts, de manière à faire tout rentrer dans un plan général et bien discuté. »

Ce plan général, désiré par M. Brunet, n'est pas le nôtre, et ne nous semble pas pouvoir atteindre le but, malgré des détails précieux, pleins d'intérêt sur l'Algérie, et dont on aurait dû profiter. Voici quelques-uns des reproches qu'il adresse à l'administration : « Comment, » pour une entreprise aussi vaste, qui demande la réunion » de toutes les conditions sociales, comment a-t-on pu se » réduire à l'action de quelques hommes ramassés au » hasard, sans précédents, sans garantie de valeur, et » que l'on a constitués tout d'un coup en administration » bâtarde? Il est temps de repousser cette manie de » complications, qui, par une condition de notre nature, » s'attache au début de toute grande entreprise. »

Mais un autre auteur ajoute :

« Pourquoi, au lieu d'un grand travail qui se serait » maintenu par la cohésion et la force de l'ensemble, n'y » a-t-il été fait, de ci, de là, un peu au hasard et au caprice, » que des travaux qui, par leur isolement et leur fonc- » tionnement même, n'ont pu amener aucun résultat sé- » rieux, et n'ont fait souvent que déplacer les marais et » l'insalubrité? »

Si nous répétons ces réflexions, c'est qu'aujourd'hui

encore elles nous paraissent d'une extrême justesse; il n'y a ni continuité ni ensemble dans ce qu'on entreprend; on voit, de çà, de là, des tentatives, mais rien de général, rien de grand, de hardi, rien qui accuse un vaste plan embrassant toutes les parties de ce vaste territoire; point de grandes voies de communication, point de routes générales, point de canaux, point de chemins de fer; tout est jeté au hasard, et aucuns des points déjà établis, qui auraient pu devenir des centres, ne se communiquent entre eux dans le but de se prêter un mutuel concours, et d'aider avec activité à la prospérité générale.

L'exemple des grands peuples colonisateurs sera-t-il donc toujours perdu pour nous ? Comment ne pas s'émouvoir des cris jetés de tous les côtés par tous les étrangers qui parcourent ce pays, par les journaux, par les livres, par les habitants eux-mêmes ? Cet accord si unanime de réprobation ne peut être toléré plus longtemps : que l'Algérie tombe, ou qu'elle se relève et devienne ce qu'elle devrait être déjà : le paradis terrestre de la France !

Quelques riches capitalistes ont déjà obtenu d'immenses résultats; leurs produits, ayant figuré aux expositions publiques, attestent une supériorité marquée en agriculture et en horticulture; mais ce ne sont que des résultats partiels, qui prouvent encore en faveur de nos projets.

L'Algérie ne deviendra vraiment puissante que si le chef de l'Empire veut la regarder comme une immense propriété nationale dont il divisera le sol selon le climat, en un nombre possible de fermes agricoles. Ici les cultures du Midi, là les cultures de la zone tempérée; d'un autre côté, celles du Nord.

Vaste répertoire de la création terrestre fécondée encore et distribuée par la main et le génie des hommes.

Sous un chef expert, s'étant appliqué aux études des différentes cultures [1], chaque grande ferme possédera une ferme-école pour former à l'agriculture les jeunes apprentis venus des diverses parties de l'Europe, et surtout de la France, qui échapperont ainsi aux mauvais penchants, par une éducation bien entendue, non pas celle des colléges, entièrement inutile dans ce pays, puisqu'il est facile d'envoyer en France les jeunes gens destinés par leur famille à devenir savants, mais morale et manuelle à la fois. Cette éducation formera des sujets laborieux, si nécessaires partout, qui s'acclimateront et deviendront précieux pour la prospérité du pays.

Ainsi pourront s'implanter les orphelins, les enfants trouvés; leur travail leur assurera toujours du pain, et, en persévérant, une existence heureuse.

[1] Nous avons été étonné de n'avoir pas trouvé en Algérie, même au Jardin d'acclimatation, près d'Alger, plus de produits étrangers et plus d'intelligence dans la culture. Ainsi, le capi, espèce de grand chiendent, dont on nourrit parfaitement les chevaux et le bétail dans l'Amérique du Sud, qui subit plusieurs coupes par an, et se reproduit avec facilité sur les montagnes exposées à l'ardeur du soleil, comme dans les plaines humides, n'est point encore en usage. Ainsi l'excellent fruit d'abacca est inconnu; le cajou, si recherché pour sa vertu rafraîchissante; l'arbre à coton de soie, le pain à fruit de potiron, etc., ne paraissent nulle part dans nos possessions d'Afrique; les oranges si savoureuses de Baïa, et si grosses en même temps, ne sont point reproduites. Les bananes, d'un rapport au-dessus de toutes prévisions, n'ont aucune ressemblance pour le goût avec celles, si mal cultivées, si mauvaises, des environs d'Alger.

L'orphelinat du Prince impérial ne serait-il pas mieux placé sur un pareil sol, offrant tous les perfectionnements désirables, sous une température généreuse ?

Nous avons encore en faveur de ce projet l'opinion d'un savant jurisconsulte, de M. Dupin aîné, qui a affirmé que le remède le plus efficace contre les abus qu'offre l'administration des Enfants trouvés est la *transplantation*. (Chambre des députés, mai 1838.)

Bien plus : quelques-unes de ces fermes-écoles pourront être destinées aux jeunes détenus de toute la France, suivant la loi de 1850 ; construites à cet effet, elles offriront à ces enfants, qui ne sont généralement vicieux que par les mauvais exemples et les mauvais conseils, des occupations qui les détourneront du vice ; et, sous une direction religieuse et paternelle, ces jeunes détenus, entourés des soins de l'art et de la charité, comprendront les avantages que produit une bonne conduite. Après plusieurs années d'épreuves, ils pourront être réhabilités, et se trouver, étant encore un certain temps sous une surveillance secrète, réunis aux autres jeunes colons.

Le rapport favorable qui a été fait sur les colonies agricoles dirigées par l'abbé Brumauld, à Ben-Aknoun et à Boufarik (Algérie), rend le meilleur témoignage des essais tentés : « grâce aux soins et à la salubrité du climat, » dit M. Delombray, chef de division à l'administration générale de l'assistance publique.

Mais si nous apprécions l'utilité morale de ces colonies, nous n'en approuvons pas les dépenses. Nous sommes intimement convaincu, par notre expérience même, que chaque enfant de douze à quinze ans ne doit pas être plus d'une année dans une ferme agricole bien organisée sans couvrir par son travail les frais qu'il occasionne.

Nous en avons d'ailleurs d'autres preuves; nous ne citerons qu'un extrait du rapport de M. Waren, chef des colonies, en nous parlant de Mettray : « L'établissement » de Mettray, en formant parmi ses colons un atelier » d'ouvriers draineurs, jeunes gens de quinze à seize » ans, retire de leur travail un salaire suffisant, en » même temps qu'il introduit et propage dans le pays » une amélioration dont l'importance est vivement » sentie. »

Nous sommes donc fort étonné de remarquer dans une statistique faite avec la plus scrupuleuse attention que dans les établissements pénitentiaires le jeune détenu coûte, en moyenne, à l'État, par chaque journée de détention, 68c 32, et pour l'adulte, en prison départementale, 90c 16.

(*Éléments du droit pénal*, par M. Ortolan ; 1859, page 720.).

Si nous parcourions nos campagnes, combien ne trouverions-nous pas d'honnêtes individus obligés de subvenir à toutes les exigences de la vie, heureux d'avoir 90c pour eux et 68c pour chaque enfant?

Pour nous qui avons étudié, profondément et pratiquement, cette question, nous osons dire que dans cette dépense des détenus il y a à la fois manque d'ordre, de prévision, d'économie.

Il est facile de se rendre un compte des succès d'une ferme, en consultant les quelques établissements particuliers et prospères dans ces contrées; nous ne citerons pas des noms, très-connus d'ailleurs. Mais un seul de ces établissements aurait-il rapporté les bénéfices qu'on attribue particulièrement à chacun d'eux, le gouvernement aurait en sa faveur une conviction de réussite d'autant plus grande, que cette réussite serait due à des éléments dont les autres ont été privés; il pourra choisir des administrateurs parmi les plus expérimentés : « leur nomi- » nation ne sera pas suggérée par d'adroites insinuations, » ou surprise par la faveur, ou par un intérêt habile à se » déguiser, à se parer des fausses couleurs de bien public. » (Paroles du président de la Chambre des députés, session de 1835.)

Sans chercher à expliquer l'insuccès des différentes entreprises, soit en France, soit même en Algérie; sans demander les raisons, qu'on nous donnerait peut-être, pour lesquelles on ne veut recevoir dans les écoles privilégiées que des jeunes gens de dix-huit ans, ou âgés souvent de plus de trente, et qui en trois années doivent avoir acquis, malgré d'anciennes directions contraires à cet état, la force, l'habitude, qu'exigent les rudes exercices des champs, et, en si peu de temps, étant assez favorisés du ciel pour avoir toute l'expérience pratique et théorique indispensable pour diriger et mener à bien les travaux des fermes, nous croyons que la difficulté, ici, est tout entière dans le choix des chefs. Un chef doit réunir à la science agricole la science de l'administration et celle de l'éducation des enfants; sans ces deux dernières qualités surtout, il n'y a point, nous en sommes convaincu, de réussite possible; et les meilleures terres, les meilleurs sujets, les sommes les plus considérables, ne donneront que les plus tristes résultats.

L'expérience que nous avons acquise, et que nous osons encore invoquer, dans la conduite de nombreux jeunes gens, nous a prouvé ce qu'on peut faire avec l'ordre, la justice et la bienveillance[1].

La création de ces fermes nuira-t-elle aux entreprises diverses qui viendront s'établir en Algérie? en aucune manière. Si le gouvernement se rend maître absolu de certaines parties du sol; si, sous sa responsabilité, il veut élever des centres pour assurer la prospérité du pays, s'il veut former des sujets dignes d'affermir de si grands intérêts, son administration civile, appuyée sans doute de la force militaire, garantira la propriété de chacun, en encourageant par sa bienveillante protection et ses obligeants avis, comme doit le faire chaque administration paternelle, toutes les entreprises particulières qui auront pour base le travail et la persévérance.

« Mais, s'écrira-t-on, que de frais immenses! » L'armée est là qui viendra certainement en aide et se formera à un genre de travail qui sera pour chaque soldat un enseignement utile. Si on a la plupart des travailleurs, on a aussi les matériaux : ici la pierre, là une terre excellente pour la brique, les poteries; à droite ou à gauche, des forêts pour le bois. Parmi une armée telle que la nôtre, que de métiers différents! que d'hommes aptes au service des constructions! Frappez du pied, et vous aurez à l'instant des serruriers, des charpentiers, des menuisiers, des maçons, qui, avec un léger salaire de plus, nous feront

[1] Malgré les difficultés que rencontre toute fondation dans les pays étrangers, malgré le prix excessif des loyers, la cherté des esclaves, des professeurs, qui se font payer en raison, non pas de leur talent, mais de leur réputation; malgré le prix minime de la pension, les dépenses considérables d'un mobilier à la hauteur d'un grand établissement, nous avons toujours eu des bénéfices allant en augmentant pendant les six années de notre direction à Rio-Janeiro, et nous n'avons jamais eu de dettes. Nous invoquerons les consuls français applaudissant à notre création.

d'excellents travaux, et ne perdront pas au moins, comme cela a lieu trop souvent, le goût de leur premier métier en perdant l'occasion de l'exercer.

Mais quand bien même la dépense serait aussi forte que celle que l'on fait en France, ne remarquera-t-on pas les résultats extraordinaires que l'on obtiendra pour ces enfants, qui, occupés à des travaux d'agriculture, prendront des habitudes et un goût qui les domineront toute la vie. Nous en appelons à ceux qui ont eu l'occasion de s'exercer à la culture de la terre : ils diront qu'il n'y a pas d'occupation plus attachante; nous-même, lorsque nous cherchions à nous distraire des plus graves préoccupations, le travail des champs ou du jardin venait nous rendre le repos et la tranquillité d'esprit.

La formation d'ouvriers agricoles est une nécessité absolue pour la France : l'agriculture n'étant point encouragée, il est évident que les campagnes se dépeupleront par l'appât qu'offrent les grandes villes. Dans notre projet, la plupart des ouvriers devenus en âge d'être libres formeront, les uns, des colonies qui deviendront des villages et attireront des familles heureuses de partager leur sort; les autres, des agriculteurs exercés qui retourneront au foyer paternel.

Des esprits contradicteurs et moroses diront probablement que l'Algérie ne présente aucune chance de succès pour l'accomplissement de nos vues, mais nous pourrons leur répondre en reproduisant le rapport fait à Napoléon-Louis Bonaparte par le ministre de la guerre lui même, qui a dit : « Les Kabyles, race laborieuse déjà » fixée sur le sol, dans des demeures groupées en villages, » cultivant des vergers et des champs enclos, fourniront » d'excellents ouvriers... Ils sont sobres, patients, et ne

» manquent ni d'adresse ni de persévérance. La partie » de la race berbère qui est établie sur les hauts plateaux » et dans les immenses plaines de l'Algérie est essen- » tiellement agricole; c'est là qu'il faut encourager la » construction des maisons, la plantation des arbres, l'a- » doption de cultures variées. Cette population peut pro- » curer la main-d'œuvre à bon marché pour les exploi- » tations agricoles et manufacturières. Quant à la race » arabe, généralement établie dans le sud, l'amour de la » vie pastorale et du commerce forme le principal trait » de son caractère. Les tribus agricoles occupent une » région où un bon système de voies de communication » peut être facilement établi. Les cours d'eau sont peu » abondants, mais on les améliorera et on les utilisera » par des barrages, par des travaux d'irrigation, par la » recherche et la conservation des fontaines, enfin par le » reboisement des montagnes. Il y a de très-fertiles prai- » ries naturelles et de hauts plateaux, voisins du désert, » dont les terrains légers produisent des plantes aroma- » tiques. Dans le Sahara, la température élevée des oasis » offre des conditions favorables pour la culture des » plantes tropicales, et la population sédentaire de ces » localités fournira la main-d'œuvre à bas prix. Les tri- » bus de la subdivision de Milianah ont planté pendant » une seule année 150,000 arbres fruitiers, et plus de » 300,000 pieds de vigne. »

La main qui a signé ces appréciations, en 1851, les rend irrécusables.

Il est donc prouvé que beaucoup de parties de l'Algérie sont favorables à l'agriculture, et de plus sont favorables à la santé. Un abbé qui a été curé dans différentes contrées de l'Afrique, et qui a profondément étudié ce pays, après avoir constaté les motifs de la mortalité, cause de tant de ravages au commencement de l'occupation, ajoute : « Le » climat de l'Algérie, à l'exception de quelques localités » basses et marécageuses, est très-salubre, aussi salubre » qu'en aucune contrée de l'Europe; ce qui le prouve, » c'est le grand nombre des vieillards nonagénaires. »

(*Colonisation de l'Algérie,* par l'abbé Landmann.)

Enfin, transcrivons l'opinion d'un des hommes qui honorent le plus la science : « Ouvrez des colonies agricoles, fussent-elles en des pays lointains, à la pauvreté laborieuse : combien de familles honnêtes ne viendront-elles pas s'y enrôler? Les colonies agricoles sont des œuvres de bienfaisance, des moyens à employer dans les grands problèmes touchant l'extinction de la mendicité, la meilleure répartition des efforts laborieux de l'homme, et le soulagement de la misère exempte de délit. Nous les admettrons encore à l'égard des jeunes détenus. »

ORTOLAN.

Qui a donc retardé l'accomplissement de tant de vœux si énergiquement exprimés? qui a même arrêté les essais commencés avec tant de succès? qui a dégoûté une grande partie des propriétaires? Le manque de vues générales, un plan bien médité et suivi sans relâche. Armons-nous à cet effet d'une réflexion faite par le directeur des finances, à Alger : « Nous marchandons » longuement les secours les plus nécessaires pour les » premières dépenses, ou nous faisons ces dépenses avec » si peu de suite et d'ensemble qu'elles restent impro- » ductives. Sous l'empire de nos théories, de nos règles, » de nos habitudes continentales, tout devient difficulté.

» La nomination d'un surnuméraire des douanes ou de » l'enregistrement est une grande affaire qui occupe deux » ministères et vingt personnes pendant six mois : les » détails nous étouffent!.. Faute de système, nous n'avons » eu ni suite dans nos projets, ni persévérance dans nos » actions.... »

Nous avons déjà parlé de la nécessité absolue de grandes voies, de routes, de canaux, de chemins de fer. En effet, tous les projets deviendraient illusoires, sans un système complet, et habilement et promptement suivi, de moyens de communication entre toutes les principales contrées de l'Algérie.

Il existe quelques fragments de routes très-bien exécutées, nous en conviendrons avec joie, autour des principales villes; mais généralement, au delà d'un rayon de quelques lieues hors de ces centres, les chemins, d'abord tracés par la marche de nos corps d'armée, deviennent impraticables quand la saison des pluies arrive.

Ce qu'a écrit à ce sujet un homme expert, qui a profondément étudié cette partie, est parfaitement juste :

« Un bon régime des eaux est peut-être le plus grand » besoin qu'éprouve l'Algérie, et pour l'alimentation des » populations et pour le développement de l'agriculture. » Le seul moyen de remédier à cet état de choses est de » construire le plus grand nombre possible de barrages » et de canaux qui serviront aux irrigations, aux grands » bassins de réserve et aux transports. De grandes lignes » de canaux parallèles à la côte sont très-faciles à réa- » liser[1]. »

[1] Des sociétés se sont plusieurs fois proposées pour entreprendre de grands travaux, et en offrant des garanties positives. Que sont devenus ces projets?

Sans doute, il a été fait des essais pour ces voies de communication, mais d'une manière tout à fait insuffisante. Par exemple, le chemin de fer de Blidah à Alger a été commencé il y a trois ans, et en janvier 1860, M. le préfet, accompagné de Mgr l'évêque d'Alger, est arrivé sur les mêmes lieux reposer encore une *première* pierre.

Qu'est devenu le décret du 8 avril 1857? « Il sera créé » en Algérie, dit ce décret, un réseau de chemins de fer, » embrassant les trois provinces ; ce réseau se composera : » 1° d'une ligne parallèle à la mer, suivant, à l'est, le » parcours entre Alger et Constantine, et passant par ou » près Aumale et Sétif; à l'ouest, le parcours entre Alger » et Oran; etc., 2° de lignes partant des principaux ports » et aboutissant à la ligne parallèle à la mer, etc.

» Article 3. Notre ministre secrétaire d'État au dépar» tement de la guerre est chargé de l'exécution du » présent décret. »

Qui a retardé l'exécution de ce décret, signé par Napoléon III ?

L'administration s'est-elle rendu compte de tout ce qui a pu résulter de grave pour les propriétaires riverains de ces chemins, qui ont eu foi dans les promesses officielles du souverain? A-t-elle pensé aux interprétations fâcheuses de la non-exécution d'une loi aussi positive?

Le chemin de fer partant de la ville la plus reculée, à l'est, en parcourant l'Algérie pour aller à la dernière ville, à l'ouest, et ayant des embranchements aux points des centres des populations les plus nombreuses, est d'une utilité incontestable; à son exécution est attachée la prospérité de nos possessions africaines.

Les avantages que procurera ce long cordon de chemins de fer atteindront-ils parfaitement le but que nous désirons ? Ce chemin, exécuté, satisfera-t-il à tous les intérêts d'une colonie si importante ?

Disons-le hardiment, la distance qui sépare notre port de Marseille de nos ports de Bone, d'Alger et d'Oran, et qu'on ne peut franchir en ce moment que par une longue traversée en mer, effraye les voyageurs, et fera toujours tort à la fréquentation de ces parages, soit que ce passage, confié aux soins des Messageries impériales, ne présente pas les avantages désirables, soit que les prix paraissent trop élevés ; ou encore, que le temps de la traversée, très-incertain, variant de trente heures à plus de cent quarante heures, et forçant parfois à des relâches, comme M. le général en chef de Martainpré l'a éprouvé lui-même en janvier 1860, n'offre point assez de sécurité et de promptitude.

A cet effet, on peut comparer la vitesse et la régularité des paquebots à vapeur anglais, qui n'éprouvent jamais que des retards insignifiants, soit de Southampton au Havre, malgré les difficultés de cet affreux passage ; soit en des courses beaucoup plus longues, comme celle du port anglais au port de Rio-Janeiro, qui s'effectue, à notre connaissance, depuis huit années, sur un parcours de 2,400 lieues, avec plusieurs relâches, quelquefois de douze heures, en moins de vingt-cinq jours, avec une régularité qui, malgré les mauvais temps, ne s'est point démentie.

D'où naissent donc les difficultés que présente le court trajet de la Méditerranée ? Ne peut-on pas l'attribuer aux chaudières impuissantes, à une économie de charbon mal entendue, ou à un mauvais état des bâtiments ?

L'administration maritime éprouve comme nous, sans aucun doute, les regrets de cette position.

Sans détruire cette communication, qui sera toujours adoptée par les bâtiments marchands, offrons un moyen de rendre le voyage moins fatigant, plus prompt, et donnant surtout plus de sécurité.

Ce moyen ne peut réussir qu'avec l'ardent désir de faire une noble et grande chose, utile à toute la France, utile à l'Algérie, et digne d'attirer l'attention de la postérité; moyen qui pourra répondre aux désirs que manifestent les habitants de l'Algérie de voir une autorité supérieure et dominante s'établir au milieu d'eux.

Un chemin de fer se rattachant au chemin d'Oran se continuerait jusqu'au point le plus près du Maroc, sur le bord de la mer, et là, offrirait une approche facile pour les bâtiments à vapeur qui, en peu d'heures, auraient parcouru la ligne de la Méditerranée la moins éloignée du détroit de Gibraltar; ce détroit n'étant évalué qu'à 14 milles du point de l'Afrique du Nord à celui de la Péninsule ibérique, ce parcours serait moins long que celui de Douvres à Calais, et beaucoup moins exposé aux tempêtes.

Un nouveau chemin de fer, prenant alors sa direction à partir de la côte de Gibraltar, se joindrait aux chemins de fer existants en France, ayant touché aux principales villes sur les côtes d'Espagne, et jetant l'abondance et la richesse dans tout son parcours, jusqu'à Paris. L'Espagne elle-même, trouvant un grand avantage à cette ligne, entrerait certainement dans les frais qu'elle occasionnerait.

L'exécution de ce vaste projet donnerait, à n'en pas douter, une existence brillante et assurée à notre colonie d'Afrique.

Voici donc l'Algérie ayant de vastes institutions, appelant et groupant autour d'elles des colons véritablement agriculteurs, et faisant naître et développer aussi des industries en harmonie avec ses productions et les besoins d'une population prospère et toujours plus nombreuse qui est mise en contact immédiat avec notre continent ; *canaux et bassins* répandant partout leurs eaux pour fertiliser la terre, ou les détournant pour assainir le sol ; du pied de l'Atlas, portant à la Méditerranée, jusqu'à Marseille, les riches moissons, fruit de la direction des hommes experts et pleins de l'enthousiasme que donne une telle mission ; *chemins de fer* aux cent bras, invitant tous les habitants de cette immense contrée à se voir, à s'entendre, à échanger leurs idées, leurs prévisions, la récolte de leurs labeurs, à ne plus faire enfin qu'un peuple rangé sous une même domination, mais conservant la nature et les instincts qui les caractérisent et les font encore distinguer de la mère patrie ; TRAVERSÉE DE GIBRALTAR, favorisant la venue des étrangers cherchant un doux climat pour échapper aux rigueurs du Nord ; leur offrant, au sein d'une capitale, unique dans le monde, avec ses temples, ses mosquées, ses jardins remplis de fleurs et de fruits dont sont privés au milieu des hivers les rivages opposés, tous les plaisirs réunis des autres capitales. Alger, fixant aussi les regards du souverain, devient le Versailles du Midi ; un autre Louis XIV pour les grandes vues a compris sa position : à bien moins de frais que n'ont coûté et Versailles et Marly, et sans avoir à encourir le blâme que Saint-Simon leur inflige, non pas pour leur beauté [1], mais pour les milliards qu'ils ont absorbés,

[1] C'était un des objets de la curiosité des étrangers de toute qualité qui venaient en France. C'était un palais de fées, unique en toute l'Europe par la forme, unique encore par la beauté de ses fontaines, etc. (*Mémoires de Saint-Simon.*)

et pour les milliers d'hommes qui, au milieu des travaux, ont péri par les exhalaisons pestilentielles des terrains marécageux, Alger devient une résidence impériale pendant l'hiver.

L'Impératrice, le Prince impérial, y viennent chaque année éprouver les douceurs du climat. Qui sait ce qu'un jour cette résidence peut obtenir? L'Empereur ne peut-il pas réserver cet apanage pour la vice-royauté de son fils, rendu digne de son père et de la France par les soins prévoyants de sa mère?

Algériens! si notre imagination ne nous abuse point, si elle peut se reporter à quelques années plus tard, nous vous verrons saluer avec transport ce grandiose architectural qui aura présidé à l'ensemble et aux détails de ces vastes constructions ayant conservé le style arabe. Vous admirerez ce bassin agrandi qui recevra alors les bâtiments pavoisés des couleurs variées de toutes les nations du monde, et une escadre complète manœuvrant à la vue du port.

Un large et bel escalier en marbre, à l'extrémité et au milieu de ce port, ayant d'un côté, en remontant, la mosquée existante, de l'autre le palais épiscopal, vous conduira à l'esplanade du gouvernement. Sur cette place quel nouveau spectacle frappera vos regards! A votre droite la statue équestre du duc d'Orléans, que vous connaissez déjà, à votre gauche celle de Charles X, car Napoléon III aura voulu que justice soit rendue à celui qui a pris le premier possession de cette terre; puis, à l'extrémité, en face de vous, un autre grand escalier également en marbre, allant dans toute la hauteur, et remplaçant les ruelles étroites, malsaines, en si grand nombre, coupées par d'autres larges voies de communication, portant des inscriptions en harmonie avec l'histoire du pays [1].

Mais votre admiration n'ira-t-elle pas en augmentant lorsque, après avoir contemplé les statues qui ornent les larges plates-formes divisant ces degrés, et qui représentent les illustrations de notre époque, vous vous trouverez sur la place immense désignée sous le nom du souverain! Cette colossale statue équestre représentant l'Empereur étendant sa main protectrice vers la Méditerranée, statue votée et érigée par une souscription volontaire de l'armée d'Afrique et de tout le pays; ces jardins, de chaque côté de cette place, à l'instar du bois de Boulogne de Paris, mais ayant de plus cette végétation orientale inconnue en France; au fond, terminant ce magique ensemble, le palais impérial dominant toute la ville, et d'où la vue se plonge sur le port, sur le bassin, sur la mer sans bornes, palais digne en tout des hôtes illustres qu'il doit recevoir; cette magnificence ne vous fera-t-elle pas reconnaître alors la main puissante qui aura fait de votre pays le plus beau pays de la terre?

Oui, l'Algérie sera rendue digne en tout de la conquête et de notre civilisation. Gloire en sera à Napoléon III! gloire en sera au ministre qui, s'élevant au-dessus des considérations étroites, aura compris la grandeur des entreprises que notre siècle et le règne de Louis Bonaparte réclament!

[1] Et non pas avec ces ignobles désignations placées encore de nos jours sur les murs, et en français, pour mieux le constater, de *chat*, de *beurre*, de *scorpion*, etc.

ANNEXES.

Température. — La température moyenne, observée pendant plusieurs années dans la province d'Alger, a été ainsi constatée :

Janvier. .	6 à 10	degr. R., au-dessus de zéro,	et au milieu de	la journée.
Février .	6 à 12	—	—	—
Mars . .	8 à 13	—	—	—
Avril . .	12 à 14	—	—	—
Mai . .	13 à 16	—	—	—
Juin . .	20 à 24	—	—	—
Juillet . .	20 à 26	—	—	—
Août . .	24 à 30	—	—	—
Septembre.	17 à 25	—	—	—
Octobre .	12 à 15	—	—	—
Novembre.	8 à 14	—	—	—
Décembre.	6 à 12	—	—	—

Température générale. — La température est douce sur les bords de la Méditerranée, froide en deçà des sommités du petit Atlas, et souvent brûlante plus loin.

Les pluies tombent par orages et sont en général peu fréquentes.

Le vent du simoun, ou du désert, ne se fait sentir que pendant quelques jours dans tout le cours de l'année. Dans les parties exposées au nord, surtout du côté de Sétif, le froid devient assez vif, et la neige y tombe abondamment.

Richesses forestières. — Le domaine forestier de l'Algérie comprend plus de 1,200,000 hectares.

Un ingénieur de la marine a reconnu l'existence de très-beaux bois propres à toutes les constructions navales. Leur éloignement de la côte en a rendu jusqu'à ce jour l'exploitation difficile; d'autres essences lui ont paru également appelées à prendre une place importante dans la confection des meubles de luxe. Les essences de chênes-liéges composent une grande partie des forêts de l'Algérie. On rencontre aussi des forêts de cèdres, dont quelques-uns atteignent 4 et 5 mètres de circonférence.

Industrie métallurgique. — Mines de cuivre de Mouzaïa et de Tenès; mines de plomb argentifère de Kef-oum-Theboul; mines de fer et hauts fourneaux de l'Alélik, qui rivalisent avec les aciers de Suède; mines de cuivre et de plomb argentifère au mont Bouzareah et dans la vallée de l'Oued-Aidès; de plomb, près de Setif, etc.

Marbres, onyx et corail. — Marbre blanc du mont Filfila; carrières d'onyx translucide, susceptible d'être vendu de 1,500 à 6,000 francs le mètre cube. — En 1853, les bateaux corailleurs ont récolté 34,880 kilogrammes de corail, au prix de 60 francs le kilogramme.

Laines, peaux brutes. — En 1853, l'exportation de laines de l'Algérie était de 4,354,490 kilogrammes. Dans la même année, il a été exporté pour 2,067,847 francs de peaux brutes.

Industrie séricicole et plantes industrielles. — La culture du *tabac*, celles de la *garance*, du *coton*, présentent dès aujourd'hui les plus beaux rapports. Le chef de la mission des tabacs en Algérie a constaté que les tabacs algériens laissent déjà loin derrière eux ceux d'Égypte, de Macédoine et de Grèce. Quant à l'industrie *séricicole*, la qualité des soies algériennes, consacrée par plusieurs médailles aux Expositions de Londres, ne permet plus de douter que l'Algérie ne prenne une place distinguée dans cette industrie. La culture du caféier, de l'arbuste à thé, du riz de Chine, offre les plus heureux résultats.

Céréales. — L'Algérie produit des blés tendres, comme jamais il n'en a été récolté en France, pesant 86 et 88 kilogrammes l'hectolitre, au lieu de 75 et 76 kilogrammes; ses seigles ont un grain d'une si belle apparence et si nourri, qu'on a pu les confondre souvent avec des blés durs; enfin, certains grains de blé ont produit 150 épis; et certains grains d'orge jusqu'au chiffre merveilleux de 312 épis.

(*Extrait du rapport du maréchal Vaillant*).

On pourrait ajouter ici une liste nombreuse des autres produits horticoles qui prouveraient à eux seuls l'extrême fécondité de ces contrées : l'oranger, le dattier, le citronnier, le cocotier, le palmier, le jujubier, le grenadier, le mûrier, la vigne, le figuier, l'amandier, le noyer, le châtaignier, le bananier, etc.; les légumes de toutes sortes et en toutes saisons; les herbages naturels partout en abondance; les fleurs les plus variées, et offertes dans le commerce pendant les mois qui nous sont en France les plus rigoureux. Si l'Algérie était autrefois renommée comme le grenier d'abondance des Romains, ne pouvons-nous pas répéter qu'elle est aujourd'hui le *paradis de la France?*

POINTS PRINCIPAUX DE L'ALGÉRIE.

ALGER. — Ville capitale, située par 0° 44′ 10″ de longitude orientale, et par 36° 47′ 20″ de latitude nord; à 1,644 kilomètres de Paris, 800 kilomètres de Marseille.

Arrondissements : Communes d'Alger, de Douera, l'Arba, Birkadem, Cheragas, Dely Ibrahim, Dellys, Fondouk, Kouba, Orléansville, Rassanta, Tenès, Blidah, Bouffarik, Cherchell, Koleah, Marengo, Médéah.

CONSTANTINE. — Ville située par 37° 24′ de latitude nord, et par 3° 48′ de longitude E., à 422 kilomètres d'Alger.

Commune de Constantine, de Sétif, de Bone, de Guelma, de la Calle, de Philippeville, de Bougie, de Jemmapes.

ORAN. — Ville située par 2° 98′ de longitude O., et par 35° 75′ de latitude N., à 410 kilomètres d'Alger.

Communes d'Oran, d'Arzew, de Fleurus, de Mascara, de Misserghin, de Sainte-Barbe du Tlélat, de Saint-Cloud, de Saint-Denis du Sig, de Saint-Louis, de Sidi Bel-Abbès, de Sidi Chami, de Tlemcen, de Valmy, de Mostaganem, d'Aboukir, d'Aïn-Tedles, de Pélissier, de Rivoli.

RÉSUMÉ DE NOS PROJETS SUR L'ALGÉRIE.

1° Création de colonies générales d'agriculture;

2° Création de colonies agricoles pour les orphelins et les enfants trouvés;

3° Création de colonies agricoles spéciales pour les jeunes détenus;

4° Choix de chefs qui, indépendamment de l'agriculture, aient fait des études sérieuses en administration et en éducation;

5° Voies de communication, de chemins de fer, de canaux, de bassins, etc., pour tout le pays;

6° Un bâtiment à vapeur conduisant de la côte d'Alger, près du Maroc, à la côte d'Espagne, près de Gibraltar;

7° Un chemin de fer, de ce dernier point, longeant les côtes d'Espagne, se rattachant aux villes sur le parcours, et se joignant aux chemins de fer de la France;

8° L'agrandissement du bassin devant Alger. — Constructions en harmonie avec l'importance que doit avoir cette capitale. — Bibliothèques, grands musées, salles de spectacle, et tout ce qui peut attirer et occuper les étrangers;

9° Un palais impérial au haut de la montée du milieu de la ville, près de la Casbah;

10° Une statue colossale de Napoléon III, érigée par souscription, et placée sur l'esplanade napoléonienne ;

11° Nomination du prince impérial à la vice-royauté de l'Algérie.

RÉSUMÉ DES OBSERVATIONS.

« L'État, après avoir dépensé un million d'hommes, deux milliards de francs, » n'avait ni assez fait, ni assez peuplé, ni assez dépensé. Malgré son luxe de » rouages et de personnel administratif, qui aurait suffi au gouvernement de » plus de dix millions d'âmes, et même à cause de cela, il avait surtout mal » fait, mal peuplé, mal dépensé, sans choix, sans unité de vues, sans cohé- » sion d'ensemble, sans continuité d'exécution, flottant au souffle de tous les » projets, de tous les systèmes..... On pouvait se demander ce qu'étaient » allées y faire les populations que l'État y avait poussées ; ce à quoi avaient » servi les deux milliards que la France lui avait jetés. Ce que les populations » y sont allées faire? Se ruiner et mourir. »

(*Questions algériennes*).

L'Algérie en est encore à peu près là aujourd'hui : le gouvernement doit donc se hâter de prendre des mesures énergiques.

www.ingramcontent.com/pod-product-compliance
Lightning Source LLC
LaVergne TN
LVHW020244230826
846091LV00006B/2243

9782012461703